JN440217

마른 꽃잎이 주는 생각

최윤경 시집

문학의전당 시인선
0329

마른 꽃잎이 주는 생각

최윤경 시집

문학의전당

시인의 말

유리창을 통해 쏟아내는
태양의 편지를 읽으며 그냥 뛰었다.

힘껏 페달을 밟으면
또렷하게 새겨지는 햇살의 안부
스쳐가는 손길이 따스하다.

잠시나마 한가로이 거니는 오솔길 같은
잔잔함으로
스며들 수 있기를.

2020년 8월
최윤경

차례

제2부

제3부

제4부

제1부

바람의 편지

문득 당도할 것만 같은
단 한 장의 연서

그 누구도 알아볼 수 없는 글씨체로
늘 하던 말처럼
맑고 다정하게
알록달록 고운 빛 서럽게 눈부신

연필 깎는 법

휴지통 가까이 쪼그려 앉아
연필을 깎는다
아이 달래는 손길처럼
부드러운 손놀림에 숨소리 잦아들고
기계로 깎아서야
마음이 정화될 수 있겠느냐고
가루가 되어 떨어진 연필심이
흑심을 품은 내 마음 같다
공들이지 않고
깊이 생각하지도 않고
어떻게 글이 써질 수 있나
헤아려본 적 없으니
미안한 마음으로 연필을 깎는다
향나무 향이 고스란히
가슴으로 들어와 앉아
토닥토닥 어르고 달래며
가져다 준 생각은
거침없이 백지를 메꾸어가고

연필밥 지저분하게 뭉친 덩어리
살아가는 방법도 크게 다르지 않다며
웅크린 생각들을 날카롭게 도려낸
흔적의 조각조각들

그럼에도 불구하고

마른 가슴 쓸어내리는
아득한 두려움도
그냥 덮어두기에는 너무 깊다
아니다, 아니다
부정하면 할수록 생각의 골이 깊어
입 안에서 맴돌다 삼키는 단어들
마음먹기 나름이라고
그냥 툭툭 털어버리고 나서야
조금은 후련해지는 통증
떨어지기 싫어 안간힘 쓰는
젖은 낙엽처럼 미련 두기 없기다
다만 한 장의 나뭇잎으로 머물다
조용히 떠나는 연습의 길
삶은 늘 그 자리에서
조롱하듯 안개처럼 느리게 걸어간다
동안거를 지나 촉촉한 봄비를
기다리는 말
그럼에도 불구하고

의자

편히 쉬어 갈 수 있는
의자 하나 필요했네
혼자면 충분해
그 누구도 옆에 앉지 않아도 되겠네
지친 구름과 그늘진 하늘
바람이 흙먼지를 일으키며 흔들어대도
앙금 없이 가벼운 휴식이 필요했네
팔랑거리며 뛰어다니는 낙엽 사이에서
존재의 의미를 톺아보다가
홀로 스러지는 날
하나씩 내려놓아 쉼표를 찍는
떠나간 이의 쐐기 같은
낡은 의자의 정적
그 길 위에 오래 오래 머무르고 싶네

타인의 기억을 듣다

창밖으로 봄꽃 스러지는 아침
청소를 하다가
타인의 기억*을 듣는다
처음이지만 익숙한 음
낮은 소리도 아닌데
가슴 밑바닥으로 가라앉는다

또 다른 기억들이
머릿속에 엉키어 있고
돌아서 나오는 뒤로
어지러운 생각들
말끔하게 정리되었다
노래 가사가 간격을 두고
잰걸음으로
윙윙
청소기 모터처럼 돌아가고 있다

창 너머로 꽃비는 내리고

젖은 눈동자같이

빛나는 생각의 쏟아지는 편린들

---

* 가수 Nell의 노래 제목.

망각

버려야 할 것이 또 하나 생겼다

휴지 조각처럼 구겨진 기억
따스한 체온이거나
뭉뚝한
발자국 소리

어느 날
휘파람 소리 들리던 밤
첨벙대며
생각의 강을 건너갔다

끝내 버리지 못하는
그러나 버려야 할

바람 앞에 서다

춘삼월 때 이른 꽃이 얼굴 내밀다
혹독한 바람에 숨어버렸다
겨울옷을 성급하게 벗어버렸나 보다
여미는 옷깃에 스며드는 바람이
어설픈 가슴을 파고든다
그래
바람 부는 대로 몸을 맡기고
어디까지 갈 수 있나 눈을 감아본다
꽃망울 잠시 고개를 숙이고
햇살에 몸을 맡긴 나무가 웅크린 봄날
누가 더 강한가
내기라도 하는 듯 눈을 감고 서면
머리카락과 귀를 때리던 꽃샘바람
할퀴듯 한마디 하고 사라진다
아픔 없이 꽃을 피울 수 있겠냐고
흔들림 없이 꼿꼿하게 설 수 있겠냐고
바람 앞에 서면 말 없는 교훈이
가슴 저 밑바닥을 훑고 지나간다

만삭

모래성 같은 시간이
흩어졌다 쌓여서

초록이 되고
갈잎이 되고

새순이 자라고 꺾이고
같은 길 반복하면서도
군말 한마디 없다

탯줄 자르고 나온 아이
쉼 없는 거듭나기

성스러운 침묵

걸어서 닿지 않는
그리하여 회귀본능처럼
먼 기억의 원점에 머물다

스물네 시간
홀로 저물었다

바람의 말

애써 읽으려 하지 않는다
거칠게 부대끼는 힘을 저항하지 않고
그대로 끌어안으며
이것이 사는 것이고
저것은 죽어가는 것이라고
한 줌 흙으로 돌아가는 일이 버거워
긴 한숨으로 지새우는 날들이
오롯이 바람으로 다가선다
매섭기도 하거니와
부드러운 속삭임도 있다
거부하지 않는다
따스한 손길 같은 바람이 주는
밀어를 가슴에 담아
전설 속의 망부석으로 서 있는 지금
바람은 내게 무어라 하는지
알 수 없는 그 말 듣고 싶어
길을 걷는다
바람 소리 소란스럽다

뜨거운 시(詩)

한 권의 시집(詩集)
모두가 시(詩)를 읽지는 않을 것이라고
고작 식탁 위에서 냄비받침으로
역할을 대신해줄 뿐일 것이라고
그 열기 속에서 구워지는 말들이
더 잘 익어서 익어서
사람들의 가슴에 터지지는 않을까
아무렴 어때
누구의 마음에든 헤집고 들어가
씨앗이 되고 열매가 되면 그뿐이지
오랜 시간 싸워 만든 쭉정이 같은 낱알들이
집(集)을 지었다는데
대문 열고 들어가 볼 생각도 않고
등 돌려버린다니
맥이 빠진다
뜨겁게 달궈진 글과 말들이
끓어 넘쳐흐르는 냄비엔
매운 라면발만 퉁퉁 불어 있다

폐지

어제까지의 신문
오늘의 소통과는 먼 거리에 있다
무게를 재는 저울에
가벼움을 내려놓는다
한 잔의 위로나
꼬깃한 용돈으로
폐지 더미에 놓인 또 하나의 생
주린 배 채워줄 고기 한 점의 붉은 살
슬픈 가난 한 근
처절한 몸부림이어도 좋겠다
화장터 소각장 연기처럼
가벼워진 종잇장
가벼워도 너무 가볍다
온종일 걸어온 신발이 더 무겁다
품값도 나오지 않는다며
삐죽 옆구리가 터져나왔다
재생을 꿈꾸는 폐지에서
잃어버린 패기를 읽는다

몇 푼 되지 않을

인생 같은

쉼표

올챙이를 닮았다
봄 오기 전에 몸 부풀려
물 밑에서 춤을 춘단다
꽃 마중 향해 달리기 하듯
간단한 호흡으로 허기를 달래면
돌 틈 사이로
수많은 음표의 노랫소리 들린다
숨 고르기를 하며
쉬어 가라고
꼬리에 꼬리를 문 소문처럼
봄이 온단다

이제 태엽을 감아야 할 때

순간순간을 건너뛰던 바늘
어느 날 현실을 버리고 홀로 섰다
늘 그 시간에 머물고 싶었던 걸까
멈추어버린 시계의 고요가
버릴 수 없는 과거를 선물로 남겨
웃음이 되고 슬픔이 되고
뚫린 가슴으로 새살을 돋우는지
시곗바늘이 꿈틀거린다
모든 것을 내려놓았던
고장 난 시계처럼
움직이지 않는 시간을 위해
태엽을 감아야 한다
과거이거나 현재이거나
말없이 흘러갈 뿐이니까

병실에서

깊은 밤
침묵 속에 흩어지는 발자국
질질 신발 끌리는 소리
낮은 신음 잡아당긴다
여러 갈래 엇갈린 미로
머릿속에 가두어
뚜 뚜 뚜 신호음 주입시켜놓고
하얗게 탈색된 시간을 읽는다
알아들을 수 없는 언어로
의지와는 상관없이 가쁜 호흡
귀담아 들어주는 이 없어도
메아리가 되어 벽에 감금된 시간들
버려진 이름과
평생의 한이 촘촘한 그물망처럼
한데 뒤엉킨 지금
모른다
아무도 모른다
아무것도 모른다

그 고통을 누가 삼키었는지
밷어놓은 사람이 없다

낙조

떨어지는 빛이 뜨겁다
그 안에 붉은 화원이 있고
너른 들도 있다
조금씩 가라앉는 폐선처럼
붉게 물드는 바다
검붉은 연기 자욱한 하늘이
어둠을 향해 걸어간다
생각의 편린들이 떨어지는 그곳
하루가 조용히 물러설 준비를 하고
보일 듯 말 듯 수평선 위로
꺼져가는 불씨 하나
가슴으로 들어와 활활 타오른다

낯선 바닷가

모래 위에 새겨진 약속을
파도가 밀려와 지우고 간다
바람은 비밀스런 약속을 손에 쥐어주고 간다
몇 방울 떨어지는 비를
말없이 받아들이며
잔잔한 미소를 그리는 바다
모래 위에서 뛰노는 아이들과
멀리 떠나가는 한 척의 배가
풍경화로 남는다
파도가 다녀간 흔적 가운데
떨어진 꽃잎 하나
존재의 의미를 묻고 있다
인생은 이렇게 사는 것인지
저항의 몸짓이 살짝 흔들리다가
앞으로 전진
뒤로 후퇴하는 삶이
파도를 닮았다

마른 꽃잎이 주는 생각

튤립 꽃잎
책상 위에 누웠다
반듯한 유리 속에 갇혀
생각의 주머니를 말리다가
낱장의 기억 보따리
옅은 눈물 흘리다 지쳐
성글게 젖어 있다
가지런하게 다리 뻗은
노오란 꽃잎들이 주름살 접어가며
최후의 생을 정리하듯
고요한 기도 소리
침묵보다 더 무거운 독백과
마른 꽃잎이 주는 생각
그리고

제2부

그런 날

가끔은 내가 내가 아닌
그런 날 있다

어느 누구도 내가 될 수 없고
그 어떤 상황도 현재와 같을 수 없으니

현실은
따뜻한 회초리 같은 것

방황이어도 좋은
한 번쯤 어긋난 길 걷게 되더라도

가끔은
흔적 없는 수채화로 그려지는
그런 날,
있으면 참 좋겠다

붉은 달

붉게 타오르는 빛
슬프도록 곱다
조금씩 오르고 올라서
낮추는 자세
옅어지는 그 몸짓으로 하얗게
검은 바닥 가로등이 되어
얼굴을 기댄다
어찌 보면 비단 한 필 흐르듯
다시 보니 온화한 모습이다
열정으로 시작해
희끗한 머리로 황혼을 맞이하는
우리네 인생처럼
너도 그렇게 처음엔
붉게 타오르는 몸뚱어리였구나
사뿐사뿐 천천히
몸을 비워서
우리들 머리 위에 소망의 빛으로 떠올라
두 손을 모으게 하였다니

또 하나의 소원을 삼킨 낮빛이
소리도 없이 쌓인 눈처럼
희다

연민

도마 위의 광어
숨고르기 하는 아가미의 떨림이
짙은 그리움을 토해낸다

회 한 접시
매운탕 한 그릇에서도
고통이 끓고 있어

도저히 수저를 들 수가 없다

소식

한동안 뜸하던 발자국 소리가
귓전을 맴돌다
가슴에서 멈추었다
잘 있었느냐는 안부
걱정스러운 눈빛으로
싹을 키워나가던 이파리
축 처진 어깨가 드리워진 탁자 위
한숨 소리가 바람처럼 스치고
멀리 보이는 파란 하늘 위로
구름이 긴 편지를 쓰며
정처 없이 흘러간다
잘 있으라고,

부재 그리고 추억

없는 게 하나 더 늘었다

세상과 우주를
다 놓아버린 상실의 시간
그 어느 곳에도 존재하지 않는
또 하나의 심장
정지된 호흡의 강을 닮은
그것은 잃어버린 전부다

기억해야 할 것이 또 하나 있었다

흙에 버려진 이름
가슴에 묻어둔 날카로운 조각
가끔은 꺼내보고 싶은 아픔이다

닿지 않을 마음과
느껴지지 않는 숨결을
날마다 끌어안고

나는

또 다른 이름의 강을 건너갈 것이다

시계 소리

초침 소리가 거슬려
시계를 없애버렸다
늘 그곳에서 숫자를 기웃거리던 자리가
덩그마니 어두운 그림자로 남았다
무의식 속에서 바라보는 시곗바늘은
어느새 머릿속에 앉아
계산을 하고 있다
버렸다고 해서 없어지는 것이 아니다
이미 오래전부터
저울처럼 이리저리 재고 있다가
그만 귀찮아졌나보다
심장 박동 소리가
또 다른 바늘의 움직임으로
가야 할 때를 알려주고 있다

여행, 시간을 담다

시간으로부터
멀어진 기억을 안고 돌아오는 길
낯선 풍경들이 손을 흔들어
추억의 한 조각으로
가슴에 파편처럼 박혀 있다
한껏 부풀은 웃음과
따스한 눈빛은
걸음걸음 소통이 되었고
빛나는 시간들의 춤은 구불거렸다
때로는 빗소리의 쓸쓸함까지도
이국의 풍경이 끌어안아
돌아갈 수 없는 순간들이
헤아릴 수 없는 사진으로 쌓인다
가끔은 그림을 그리겠다
엷은 수채화이거나
투박한 유화 같은
명화 한 장을 남겨두기 위해
더 많은 시간을 잃어버렸는지도 모른다

내가 한 사랑은

햇살이 숲으로 달려와
물 흐르듯 이곳저곳을 흐르다
노을을 만들곤 하였다
여린 빛들이 해거름에 지친 모양이다
신명나게 놀다 쉬는 빈 그네처럼
가볍게 흔들린다
포목점에서 주단을 자르듯
주르륵 가위질한 시간들이
삶의 본을 뜬다
꿰맞춘 조각조각
없는 색이 없다
구질구질한 면 끄트머리에서
새색시처럼 웃는가 하면
조용하고 그윽한 표정으로 유혹하기도 하였다
긴 방황에서 돌아와 앉은
게으른 저녁 빛이
혼자 먹는 밥상 같은
쓸쓸함을 닮았다

속삭이는 것

문 밖에 서 있는
목어는 바람에 잠든 듯 고요하다
장작불 사이로 스며드는
가을이 한차례 감기를 앓았는지
콜록거리며 아픈 척 잿빛이다
만추의 나뭇잎은 서둘러
길 떠날 채비를 하고
한 치 앞을 알 수 없는 많은 일들이
땅바닥에 버려진 채
묻어지고 또 쌓여간다
움츠린 어깨에 힘이 들어가는
게슴츠레 시무룩한 저녁에
무심하게 스치는 풍경들
깊은 함정에서 허우적거리는 날들이
비밀스럽게 귓속말을 한다

그 여자

수면 아래 어두움을 감추고
곱게 핀 연꽃을 본다
한 연 두 연 세 연
꽃을 따라가다 보니 욕설이다
년—
여자를 낮추거나 욕하는 말, 이라는 단어
고고한 자태의 다소곳한 외모
왜 하필 연일까
중얼거리던 혀가 말려들었다
그
년
들
욕 같기도 하고 쌍말 같기도 한
아리송한 얼굴이 부끄러운지
이글거리던 태양도 도망을 간다
부끄러움을 모르는 인간의 한계를 드러내듯
구름 한 점 숨어들어 흐려진 하늘
가린다고 가려지는 것은 아닌데

누워서 뱉은 침이
면상을 또르르 구르다
진흙탕의 세상을 조롱하며
맑은 얼굴로 짓고 있는
가식의 웃음
살아온 날들이 부끄럽다

엄마 생각

어제 산에서 울던 소쩍새

오늘은 인가(人家) 숲으로 내려와

엄마 잔소리처럼

소쩍소쩍 소소쩍

내 가슴속에 들어와 앉았네

흔들리는 것은 무엇인가

길을 나섰다
버려진 생각들이
옷소매를 붙잡고 늘어진다
이 길 끝 어딘가에서 기다리고 있을
문신처럼 새겨진
또 하나의 약속을 위한
방황의 걸음은 멈추어지지 않는다
다만 지극히 평범한 일상을 벗어나
움푹 파인 웅덩이에 고인 흙탕물 속에서
푸른 동그라미
나이테를 그리며 번지는
청맹과니 같은 삶의 무게가
더없이 무겁게
흔들리고 있을 뿐이다

돌멩이와 오리 떼

천변에 추위를 아랑곳 않고 늘어선 오리 떼
멀리서 바라보니 꼭 공깃돌만 하다
옹기종기 모여 선 모습을 보며
그 옛날 공기놀이를 떠올려본다
다섯 개의 돌을 가지고 하거나
양동이 하나 가득 돌을 주워와
많은 공기를 해서 자신이 모은 돌을 하나 둘 세어
승부를 가리며 지냈던 시간들
왜 그리도 빠르게 놀이시간은 지나가는지
끼니때가 되어 부르던 엄마의 높은 목소리
투정 반 아쉬움 반
자리를 털고 집으로 돌아와야 했던 날들
그 상상 속에 오도카니 존재하는 오리 떼
두꺼운 외투 주머니에서 핸드폰 진동음이 울린다
잠시라도 손에서 멀어지면
허전해서 못 견디게 하는 휴대폰 화면이
모든 놀이의 기본이 되어버린 세상
공기놀이로 손거스러미가 일어도

마냥 행복했던 그날에 비할 수 있을까마는
그렇게 익숙해져가는 우리들의 자화상
고층 건물을 마주하고
종종걸음을 재촉하는 돌멩이 같은 오리에게서
통통 공깃돌이 튀어 오르며
사라졌던 기억을 자꾸만 건드린다

숯검뎅이

이미 오래전부터 그랬다
마음이 검다
새까맣게 타버린 속마음을
들키기 싫어
허허롭게 허공을 향해
쏘아붙이던 말들이
덕지덕지 까맣게 딱지가 앉았다
아무렇지도 않게
마음이 검다고 웃으며 말할 수 있는
삶의 여유가
그나마 위로가 되어줄 뿐
아무도 숯을 파헤쳐보려 하지 않는다
아직까지 남아 있는 불씨 하나
조심스레 꺼지지 않게
끌어안고 있다는 비밀이
아무도 찾을 수 없는 밤 속으로
꽁꽁 숨고 있다

그 집이 궁금하다

하늘에서 먼지처럼 흩어지며
구멍 쪼아대는 소리
희미하다
한입 물어 훽 버리고
두리번거리다
눈 마주쳤는데 좀처럼 얼굴을
내밀지 않는다
쉼 없는 조바심으로
보금자리를 만드는데
그만 방해가 되었나 보다
똑 똑 똑 똑
핸드폰 문자 두드리는 소리에
졸던 눈이 번쩍 뜨였다
높은 나무 위에 뚫어 만든
구멍 속의 신세계를 그려 보다가
가장 멋진 집 한 채
가슴에 지었다
그 집이 갑자기 궁금하다

파꽃

봉곳하게 대궁을 부풀려
초록의 모자를 썼다
옹기종기 이야기꽃 피우겠다
흰머리 사그라지고 나면
억센 몸뚱어리 진액만 남아
알싸한 향수가 코끝에
닿을락 말락
눈물이 핑 돈다

제3부

순서에 대하여

낯선 표정들이 서성이는 승강장
각자의 삶에 쫓기는 곳에서
내리고 타고를 반복하며
종착역에서 회귀하는 열차처럼
어쩌면 우리도 다시 돌아와 앉은
또 하나의 자리가 아닌지
정해진 순서가 없는
이별의 시간들이 스쳐간다
생의 꼭짓점에서 독주를 대신하듯
전철 의자에 몸을 실으면
버리어 온 생각들이
엉킨 선로가 뜨겁다

탄생 그 신비로움

그냥 별 하나 툭 가슴에 떨어진 것으로 알았지요
두 손에 받아들고
가슴까지도 환해지던 광채
꿈속에서 하얀 눈을 한 아름 안고 있었어요
오늘에서야 만났어요
빛의 속도로 다가온 또렷한 이목구비
그리고 작은 손짓 발짓이
저혈압인 내 혈관을 마구 끌어당겼어요
아마도 두 팔 안에 안기게 되면
머언 먼 미래가 반짝반짝 빛나겠지요
미리 통성명을 나누었으니
낯가림이 덜할지도 몰라요
신비로운 별 하나
오늘도 조금씩 빛을 더해
더 크게 키워나가고 있는 중이래요
아마 이 땅의 커다란 별이 될 거라나요
전설 속의 여신에게 말하듯
환하게 웃고 있는 보름달에게 인사를 건넸지요

세상 그 어떤 만남보다도
더 극적일 것
가장 소중하고 귀한 새 생명
온 세상 밝게 빛낼 것

처음이라는 말

말 없음 가운데
눈으로 대하는 언어 속에 담긴
깊은 뜻을
아직은 잘 몰라도
꽃 지고 난 후
검은 씨앗의 눈으로
말할 수 있겠다
새싹 틔우고 난 후의
초록빛이라고

너의 이름은

노랗게 노랗게
수줍은 웃음 환하다
봄날
이르게 핀 산수유보다 더
짙은 질투의 화신으로 피워내
초록의 들판에
꽃수를 놓았다
어둡던 얼굴에 화사한 조명을 두어
오가는 사람들
밝은 빛을 뿌린다
마치 이날을 기다리기라도 했다는 듯
해맑은 웃음보따리를 펼쳐놓은 날
사람들의 수런거림에 덩달아 신이 나서
여린 꽃잎 자꾸만 고개를 젓는
유채화 그 노오란 미소

선운사

동백꽃 떨어진 나무 사이로
연등이 줄지어 인사한다
바람에 흔들리는 연둣빛 이파리
흐르는 강물에 빠진 나무가
제 얼굴에 화장이라도 하는 양 잔잔한 파문이 일고
파란 하늘을 인 숲들의 소곤거림이
발걸음에 섞여 전언하듯
귀를 간질인다
직립의 나무들이 더러는 한 몸으로 엉키어 있고
또는 쓸쓸히 소리 없는 웃음 흘리며
툭 한 잎을 떨군다
세월의 덧없음을 알리는
구부정한 할머니 어깨 위로
공연히 시선이 부끄러워 땅을 보게 한다
늘 같은 날 같은 자리여도
새로운 얼굴로 마주 서게 되는
자연 앞에서
또 다른 생을 꿈꾸게 하는

바로 이 순간이 삶의 정점이 아닐까
속으로 삼킨 질문이
가슴속에서 똬리를 튼 채
긴한 약속처럼 감추고 있다

청보리밭

연둣빛 물결이 환하다
하늘을 찌를 듯 뾰족하게 날을 세워
세상을 할퀴는 눈길을 따라가다
길을 잃었다
어디서부터 시작된
초록의 번짐일까
하늘과 맞닿은 경계가
오롯이 맑음이다
긴 하늘 끝에서 머무는 구름의 휴식이
잠깐 동안 안부를 전하고 사라지면
이내 가물가물 음표를 그린다
생의 한 순간도 저리 푸르지 못했던 것을
이제야 알겠다
누렇게 알곡이 익을 때면
황혼의 쓸쓸함이겠다
또다시 연둣빛으로 찾아드는
삶의 변주곡을 그리듯
스르르 닫힌 마음의 문이 열린다

고달사지

매캐한 연기가
폐사지의 여유를 삼켜버렸다

마을 굴뚝의 연기가
어느 집 저녁 밥상을 그리며
잰걸음으로 도망을 간다

목탁 소리는 어디로 숨었는지
알 수가 없다

묻고 물어서 쓰다

알고 싶지 않은 것은 묻어두고
상처받은 것들은 감추어 두었다

태생의 비밀을 물어서 그리는
또 다른 자화상이 있다

불쑥불쑥 고개 내미는 저 돌기들의 모반
온몸에 불그레한 핏줄들이 곤두서 있다

괜찮아
괜찮지?
묻고 또 물어본다

적색의 핏물이다

요동치듯
노을 지는 바다가 거기 있었다

시간 늘리기

억지로 잡아당긴 시간 속에
잰걸음이 한 보따리
종종걸음에도 불구하고
제자리에 서 있다
행선지를 빙빙 돌아
시간은 어느새 화살처럼 지나가고
먼 기억에서나 존재하는 나이가
스산한 거리 어느 모퉁이에 쌓인 낙엽처럼
바람에 밀리고 밀려서 막다른 골목에 서 있다
길어지고 싶은데
끊어지고 마는 시간
고탄력 고무줄을 붙여놓고 싶다
다초점렌즈 안경 너머
시야를 벗어난 또 다른 시선이
착시 현상처럼 길게 늘어나 있다

혈관의 춤

조금씩 천천히 잔잔하고 여유롭게
숨통을 조이듯 다가온 그림자
널뛰며 춤을 추던 돌기들이
성난 파도 같다가 잔잔한 물결로
이내 곤히 잠들었다
복병처럼 고개 드는 또 다른 반항에도
쉽게 포기할 수 없었다
용량 초과로 무거워져 꽉 막혀버린 통로를
새로운 칩으로 균형을 맞춰
처음으로 돌아가 포맷을 다시 해야 할까 보다
새로운 아이콘 하나 없이 청소를 마친
깨끗한 바탕화면
화면 보호기의 물방울들이 춤을 춘다
새로운 혈관을 만들어내기라도 하는지
반란의 공격은 위치추적이 되질 않다가
제풀에 누그러져 숨을 죽이고
덫으로 만들어진 숫자 계기판이 오락가락
모든 것이 혼자만의 것이 아니듯

이미 잊힌 시간들 속으로 여행을 떠나
한 잔의 술로 위로가 되었던 순간들
조용히 살피는 눈동자가 예사롭지 않다
꿈처럼 아득하다

생명의 소리

알아들을 수 없는 울음소리
삐죽대는 얼굴 근육
꼼지락꼼지락
온몸에 힘을 실어
사지를 뒤틀며 화들짝 놀라는
새까만 눈동자
콕
내 가슴에 박혀 별이 된다
보석처럼 빛나는
무한대 선물이다

사내 아이

두꺼비가 파리를 낚아채듯
재빠른 동작이 붉게 선을 그었다
상처는 부풀어 오르더니
계급장이 되었다
까르르 웃음꽃이
발라놓은 연고처럼 약으로 스며든다
아무것도 모른다는 표정은
근심을 덮어버리고
또 하나의 이파리 돋아나
조금씩 키가 자란다
아이의 웃음이
높은 하늘을 날아다닌다

가을의 노래

나뭇잎 떨어진 중심에 선다
그늘이 조명이 되고
그림자가 손잡아주는 오후
코스모스가 경계의 벽을 허물고
홀로 부르는 노래는
수많은 사람들의 가슴으로
뛰어 들어가 호수를 만든다
파란 하늘 구름 노니는 하늘가에
핑크빛 사연 담은 풍경과 억새의 인사
그저 고맙다고
걸어가는 길이 꽃길이라고
드문드문 건네는 미소 사이로
마알간 웃음이 퍼진다
뜨거운 태양이 몸을 던지는 강물 위로
날아가는 새들
음표를 만들어 작곡을 하면
귀 기울여 듣는 연주곡
흔들리는 것은 세상이 아니라

지금의 우리인 것을

저녁 바람에게 넌지시 일러줄 뿐이다

꽃 아니고 나무

예쁜 꽃이기보다
듬직한 한 그루 나무이기를
무엇이 생각의 틀을 만들어놓았는지 모른다
성큼성큼 떼어놓는 걸음이
우월하게 멋진 그림을 그린다
여자라서 예쁘기보다
누구에게나 뛰어나 보이고 싶은 욕망이
조금씩 자라나는 꿈의
한 획이 되어가고 있는 것을
먼발치에서 바라보고 있다
그래서 산다는 것은
작은 소망의 불씨를 꺼트리지 않고
조심스럽게 걸어가는 일인 게다

마음으로 탑을 쌓다

틈과 틈 사이
지루함이 공간을 넘어간다
오롯이 혼자가 되어야만 하는
낯선 곳에서의 일탈이
무섭지만은 않은 것은
쉼이 있어서일 게다
허공에 징검다리를 놓듯
새들이 날아간 자리
구름이 떠 있어
닿을 곳이 있다는 것이 다행이다
무디게 걸어가는 걸음
무음으로 전해지는 안부
홀로 탑을 쌓는다
아슬 아슬
그러나
담대하게

금연

한 줄기 가늘게 파고들어 와
두껍게 벽을 쌓다가 썩어 들어가기 시작한다
미약한 씨앗이 구석구석 헤집어 놓아
변종의 분열로 온통 아수라장이 되었다
가늘어진 몸 사이로
보이지 않는 힘이 휘감아 온 시간들
온몸을 덮친다

나선을 그리며 사라져가는 연기
붙잡으려 하지만 이내
미로 속으로 숨어버리고야 마는 두 얼굴
느닷없이 나타나 덜미를 잡히고야 말겠다
꽁꽁 숨어서 미동조차도 느낄 수 없는
그림자를 찾아 낯선 길을 떠난다
푸른 안개 속으로

제4부

카네이션

붉거나 희거나
손끝으로 여민 꽃송이가 된 마음
옷깃에 머무르다가
소리 없이 훈장이 되었다
얼마나 많은 눈물과
목소리가 거기 주렁주렁 달려 있을까
흔적 없이 부대끼던 따스한 손길이
한 송이 꽃으로 매달려 있다
누군가의 가슴에서
영원히 지지 않을 꽃
사라질 수는 있으나
부패하지 않을 사랑으로
가는 실핏줄처럼 숨어서 보이지 않는
그런 꽃,
오월에 낮빛을 더 붉히는

시간을 빨다

낡은 돌확에 묵은 마음을 갈고 갈아서
가벼운 가루처럼 날리고 싶은 오후

언제나 예상치 못한 사고 앞에서
무기력한 자신을 돌아보는 것은
더욱더 힘들다

산다는 것은 바람에 넘실대는 빨랫줄의 빨래 같다

이리 흔들
저리 흔들

흔들리는 대로 휘청거리다가
정신 차리고 똑바로 서는 일
쉽지만 어려운 또 하나의 방법이다

날마다 흔들리다가
고요해지는 일

세제 없이 돌아가는 세탁기 같다

아주 먼 옛날부터 그래왔던 것처럼
아무 거리낌 없이
오늘도 시간을 지우려
비비고 쥐어짜 허공을 향해 던진다

거리에서

빗방울이 튀었다
신선한 마찰이다

누군가 쓰다듬어주는
손바닥의 간질임처럼

작은 기억으로는 도무지 풀 수 없는 매듭
풀어져 풀어져
실처럼 선을 긋는다

흔적으로 꿈틀대는
머릿속에 가득한 말들이
홍건하다

뛰어가기

걷지 않고 뛰었다
일부러 느림보가 되어
꼭꼭 씹어 먹기도 하고
느린 걸음으로 천천히 걸어도 보았다
어디 아프냐고
인사치레를 건네는 안부가 귀찮다
다시 뛰어야 하려나 보다
평범한 일상의 틀에 박혀
어느새 벗어나기 힘든 굴레가 되었다
너무 바쁘게 살았나 보다

나무살이

잎자루와 가지가 하나이었다가
떨어져 나간 흔적 사이
그 은밀한 곳에 특별한 층을 지었다
세간에서 말하는 로열층도 아니다
기나긴 겨울 나려고
물꼬를 막아 삼킨 갈증 끄트머리
잎 떨어진 자리 맴도는 배고픔
아무것도 할 수 없는
긴 잠에 빠진 나무인 줄 알았는데
마음대로 잎을 덜어내는
또 다른 속내 감추고 있었으니
혹한을 견디기 위한
얼음덩어리 품고 냉가슴 앓다가
꽁꽁 언 주머니 꽃샘바람으로 비비적거리며
환한 웃음 몸 푸는 봄이 오면
연초록으로 식구를 늘리기 시작하겠다
벌과 나비 치맛바람 중신아비가 되는 거다
어여쁜 각시 나비

나무 우듬지에서
졸음을 늘이고 날갯짓하는 날
나무 세포는 조용히 잠을 자겠다
나도 누군가에게
떨켜 같은 지킴이가 되고 싶다

강가에서

강물을 옆구리에 끼고
물안개 피어오르는 호수에 푹 빠져
흐르는 세월처럼 지나온 시간을
떠나보내려나 보다
잊힌 일을 추억하는 것
이른 아침
거슬러 오르는 길을 알려주는 것만 같다
삶은 이렇게 계절을 삼키며
다음 페이지로 넘어갈 준비를 하고
소리도 없이
슬그머니
손을 놓으려는 순간
언제나 밑지는 인생 같은 셈은
떨어져 누워 있는 나뭇잎처럼 가볍다

창 너머로 보이는 풍경

검은 옷 입은 유리창 너머로 보이는
초록빛 세상이 칙칙하다
근심 가득한
도시의 아스팔트와 다르지 않다
문명의 이기라는 이중성을 알면서도
익숙해진 삶의 일부분일 뿐이라고
자위하는 수밖에 없다
가리고 차단하고 비켜갈 수 없는 길에서
부메랑이 되어버리고서야
배신의 막다른 끝은 당황스럽다
그나마 창밖으로 던져지는 시선에
모 심는 손길이 잔잔한 파문이 일듯
가슴으로 소용돌이가 된다
자연으로 돌아가는 일이다

거꾸로 선 콩나물

길을 걷다가
눈에 들어온 입간판 하나
거꾸로 콩나물밥
가게 입구엔 콩나물 꼬리가
하늘을 향해 물구나무서기를 하고 있다
피가 거꾸로 솟아날 지경의
저 콩나물들은 무슨 생각으로
무거워진 머리 바닥에 내려놓았을까
엎어놓은 콩나물 통
그 엉뚱함이 서글퍼진다
살다 보면
나는
혹
거꾸로 서서 걸어가는 것은 아닐까
물구나무선 콩나물이
어디가 땅이고 하늘인지도 모르는
바쁜 현대를 살아가는 우리들의
현주소가 아닐까

내 머리가 땅에 닿았다
공손하게 절을 하고 있는 중이다

전등, 바라보다

나무의 이력이 드러난 탁자 위에
기억의 때 묻은
청동으로 된 전등을 켠다
붉은 등갓 너머로 핏빛 낭자하다
어둠의 과거는
오래된 유행가 가사로
빛이 되어 스며들다가
노래가 되고 시가 된다
불 켜진 전구가 시린 마음을
쓰다듬고 어루만져 그림자를 삼키면
갈피를 잡지 못하던 마음이 가라앉고
눈물 한 방울 떨어지지 않을 것만 같았던
긴 밤이
소리 없는 울음
불빛 안으로 삭이고 있었다
시간은 침묵하는 어둠을 지키며
둔탁한 빛을 따라
맞닿을 수 없는 선을 그리고 있다

나무의 손

거친 손이
겨울바람에 잔뜩 움츠린다
아이는 나무에도 손이 있다며
연신 물음표를 내뱉는다
마지막 자존심을 버리듯
여남은 이파리들
마른 손을 만들어 주저하다가
아이의 눈과 딱 마주쳤다
춥다며 꽁꽁 얼어붙은 손
녹여주고 싶은 마음이
스미어 들었나 보다
잦아든 겨울바람 속으로
나무는 꿈속의 봄을
위장한 채 웅크리다가
또 다른 날을 기약하며
손 흔들고 멈추어 서고
그렇게 저 혼자 걸어가고 있다

밤, 저수지

질탕한 하루를 그을린
저수지의 어둠을 부여잡고
뾰족하게 날을 세운 나무들은
밤하늘을 향해 걸어간다
폭 좁은 주름으로 밤을 지탱하는
수면 위로 불빛 하나 둘 빠져 있다
오도카니 서 있는 건물에서 새어 나오는
한 줄기 빛이 존재의 암시인 양
밤은 오랜 시간 침묵을 삼키는 데
이력이 나 있다
마디게 흘러갈 시간이
어스름 달빛을 뜨거운 가슴으로 끌어안으며
다시 돌아오지 않을 것만 같았던 새벽은
조금씩 얼굴을 닦고
모든 것이 흘러간다는 공식처럼
다만 흐르고 있음을
보여주는 물결
무심한 듯 무심하지 않은 듯

인기척 하나 없이 고요한데
피라미 한 마리 정적을 깨느라 움찔, 한다

버스를 기다리며

버스정류장은 제자리걸음이다
승차하기 전까지는 기다림일 뿐
대기 시간과 도착을 알려주는 음이
때로는 식상하게 차도로 뛰어든다

새로운 얼굴이 타고 내리는 시내버스
내 마음도 타고 있다
언제 버려질지도
잊힐지도 모르는 순간순간을
태우고 내려주는 시간의 바퀴들
알지도 못하는 전생의 굴레다

도도한 태풍

거대한 바람이 뒤집어놓은 세상
떨어진 이파리들의 처절한
몸부림이 안쓰럽다
창밖으로 보이는 나무들의 흔들림이
전하는 절규의 목소리로
바람의 인상착의를 가늠해보기도 하지만
도통 누그러들 기미가 보이지 않는다
세상의 중심과
온갖 흔들림 속에서도 무탈하게 버텨온
나무들처럼
스스로가 대견해지는 바람 몹시 부는 날
날마다 다르게 보내는 이상신호를
하나씩 보듬어 안으며 견뎌온 시간들
태풍으로 떨어지고 부러진 나무
생의 나들잇길 어느 자락을 거머쥐고
도도하게 휩쓸고 간 흔적만이
슬픈 그림자로 남아 있다

바람의 언덕

네온사인을 달고 있는 풍차는
어두운 하늘에 닿아 있고
북두칠성 유성이 쏟아지는 밤
멀리서 등대 불빛이 손 흔들 때마다
바다는 어둠을 잠재우는지
어깨를 들썩인다

바람이 애무하는 언덕의 길
소곤거리던 나무가
정지된 자세로 말을 건네면
걸음이 혼미하다
긴 세월 품은 마음이 조각조각
하늘의 별이 된 것일까
유난히 큰 별 하나
똬리를 틀며 가슴에 박힌다
동백꽃 망울 부풀려
선혈이 낭자하겠다

말없음표만 유유히 떠다니며
바람이 주는 문자 부호들
머릿속에 가득하다

기억을 더듬다

아주 오래된 길을 걷는다
함께했던 웃음 가득한데 사람은 없다
새순을 틔우는 연둣빛 싹이
봄 마중을 하고
보이지 않게 드러나는 따스한 마음의 왕래가
걸음을 가볍게 한다
오래된 친구의 맛깔스러운 이야기는
양념이 되어 곰삭은 묵은지가 된다
자로 잰 듯 싹둑 자른 사랑이 아닌
엄마 품의 포근함으로
살아있음의 확인인 것이다
어스름 지는 노을처럼 천천히
그렇게 물들어 가는 것
친구란 그런 것이다
한 걸음 한 걸음 또박 또박 세어보는 하루
또 하나의 이름으로
깊게 박혀 있다

해설

부드러운 편린(片鱗)의 세계

고영 시인

1.

문학 작품에서 암전(暗轉)의 의미는 이전 세계와 이후 세계의 단절을 뜻한다. 한 상황이 끝났으니 다음 상황과 연결하지 말 것, 혹은 어두워지기 이전과 다시 밝아진 후의 '차이(변별성)'에 주목하라는 무언의 주문일 수 있다. 이와 달리 한 장면을 천천히 길게, 즉 장면을 끊어 붙이지 않고 최대한의 느리게 보여주는 것(Long-take, Sequence shot)은 의미를 지연시키는 것이 아니라 여백 속에 흩어놓는 것과 같다. 의미가 장면의 곳곳으로 퍼져나가고 스며들어 부분들이 전부, 심지어 화면 밖의 침묵까지도 의미가 생성하는 장소가 된다. 시로 말하면 무언가 생략되었음을 알리는 표시인 말줄임표뿐만 아니라

행간과 여백까지도 의미의 장소가 된다는 것이다.

문득 당도할 것만 같은
단 한 장의 연서

그 누구도 알아볼 수 없는 글씨체로
늘 하던 말처럼
맑고 다정하게
알록달록 고운 빛 서럽게 눈부신

—「바람의 편지」 전문

시인의 전언은 야박하다 할 만큼 간결하다. '바람의 편지'가 "문득 당도할 것만 같은", 즉 아직 도착하지 않은 '연서'라는 것이다. 또한, 그 편지는 "누구도 알아볼 수 없는 글씨체"로 쓰였고 내용은 "늘 하던 말처럼/맑고 다정하"지만 "알록달록 고운 빛 서럽게 눈부"시기도 하다는 것이다.

이 작품은 열려 있다. 1연과 2연 모두 완결된 문장의 형식이 아니라는 점이 그렇고, 의미 차원에서도 열려 있다. 1연의 경우, '문득'과 '같은'은 비유를 형성하는 게 아니라 일종의 가정법처럼 '~(하기만) 한다면'의 상황을 연출한다. 즉, 당도하기만 하면 그것은 '연서'임이 분명해진다. 2연은 1연과 연결해야만 그 뜻이 드러난다. "그 누구도 알아볼 수 없는 글씨체"

는 해독 불가능성이 아니라 연서를 받을 자격의 제한을 암시한다. '바람'을 '연서'로 받을 수 있는 사람만이 "늘 하던 말처럼/맑고 다정"한 내용을 읽을 수 있다. 그래야만 "고운 빛 서럽게 눈부신" 시간을 자기의 체험으로 생생하게 기록할 수 있게 되는 것이다.

이렇듯 최윤경 시인은 이번 시집에서 '편린의 세계'를 펼쳐 보여준다. 시인은 이 편린의 세계에 '물고기의 비늘 한 조각'이라는 축어적 의미를 함축해놓았다. 이것은 부정적 뉘앙스를 털어내고 작고 잘 흩어지지만(버려지지만) 어떤 구석자리에서라도 때에 맞춰 은근히 반짝일 수 있는 그런 아픔과 기대가 배어들게 한다. 여기서 '펼친다'의 행위는 숨겨진 것을 살뜰하게 드러내거나 줄지어 전시한다는 의미보다 시간의 율동에 맞춰 밝아졌다 다시 어두워지도록 배치하거나 그런 배치를 오래 바라보는 행위를 지시한다.

마른 가슴 쓸어내리는
아득한 두려움도
그냥 덮어두기에는 너무 깊다
아니다, 아니다
부정하면 할수록 생각의 골이 깊어
입 안에서 맴돌다 삼키는 단어들
마음먹기 나름이라고

그냥 툭툭 털어버리고 나서야
조금은 후련해지는 통증
떨어지기 싫어 안간힘 쓰는
젖은 낙엽처럼 미련 두기 없기다
다만 한 장의 나뭇잎으로 머물다
조용히 떠나는 연습의 길
삶은 늘 그 자리에서
조롱하듯 안개처럼 느리게 걸어간다
동안거를 지나 촉촉한 봄비를
기다리는 말
그럼에도 불구하고

—「그럼에도 불구하고」 전문

일반적으로 작은 조각들을 펼쳐 보이는 시작(詩作) 행위는 시인의 삶에 대한 자세와 긴밀하게 연결되어 있다. 그 자세를 극적으로 보여주는 말이 '그럼에도 불구하고'라는 접속어이다. 문법상으로는 "앞 내용에서 예상되는 결과와 다르거나 상반되는 내용이 뒤에 나타날 때" 이 어휘가 사용되지만, 시에서는 한마디로 '지양(止揚)'의 태도라 할 수 있다.

인용 작품은 상대적으로 짧지만, 내용상 세 단계로 구분할 수 있다. 전반부는 "마른 가슴 쓸어내리는/아득한 두려움"이 강렬하게 암시하는 과거의 어떤 '부정성'이 지배한다. '마른 가슴'은 시간의 경과를 암시하고, "부정하면 할수록 생각의 골이 깊어" 또한 그것이 현재진행형인 사건이 아님을 드러낸다. 그래서 시인의 대처는 "입 안에서 맴돌다 삼키는 단어"를 현재화하지 않는 것, "마음먹기 나름"이라 치부하고 "툭툭 털어버리"는 것에서 멈춘다. 이런 자세는 "조금은 후련해지는 통증"이라는 즉, 통증의 완화라는 결과를 가져온다. 이처럼 완화된 상태에서 시인은 '낙엽'을 생각한다. 중반부는 시인의 눈이 포착한 '낙엽'의 비유를 통해 시인의 자세를 되돌아보는 내용이다. 낙엽은 떨어져 내려야 하는 숙명의 존재다. 아니 떨어져 내렸을 때 비로소 낙엽이 된다. 그래서 "떨어지기 싫어 안간힘 쓰는/젖은 낙엽"은 미련 두기의 상징이고, 안개에 조롱당하는 삶의 표지가 된다. 여기서 시인은 인생은 "다만 한 장의 나뭇잎으로 머물다/조용히 떠나는 연습의 길"임을 다시 한 번 확인하고 "미련 두기 없기다"를 재다짐하는 것이다. 그렇게 "동안거를 지나 촉촉한 봄비를/기다"린다. 즉 부정의 시간을 다 지나왔을 때 다른 숨결과 빛깔의 시간이 열려 있기를 간절하게 기대하는 것이다. 따라서 "그럼에도 불구하고"는 그 '말'의 앞(이미 일어난 것들)을 보지만 실은 뒤(시인이 기대하는 것들)를 지시하면서 떠오르게 하는 마중물이라 할 수 있다.

2.

최윤경 시인은 '나무와 바람'이 가득한 세계를 보여준다. 그러나 이 세계는 '나무와 바람'을 대상으로 해서 집중적으로 건설된 구조물이 아니다. 물론 나무와 바람은 진공 상태에 있지 않다. 시간과 기억이라는 층위에서 그것은 갖가지 변화의 양태를 드러낸다. 하지만 드러나는 것들은 구조화되지 않고 편린으로 흩어져 산재(散在)한다. 따라서 흩어져 있는 이 형상은 쓸쓸하고 때로는 비극적으로 보이기도 한다. 하지만 시인이 겨냥하는 것은 처음의 쓸쓸함과 비극성이 결코 아니다.

없는 게 하나 더 늘었다

세상과 우주를
다 놓아버린 상실의 시간
그 어느 곳에도 존재하지 않는
또 하나의 심장
정지된 호흡의 강을 닮은
그것은 잃어버린 전부다

기억해야 할 것이 또 하나 있었다

흙에 버려진 이름
가슴에 묻어둔 날카로운 조각

가끔은 꺼내보고 싶은 아픔이다

닿지 않을 마음과
느껴지지 않는 숨결을
날마다 끌어안고

나는
또 다른 이름의 강을 건너갈 것이다

—「부재 그리고 추억」 전문

시인은 처절하게 선언한다. "닿지 않을 마음과/느껴지지 않는 숨결을/날마다 끌어안고" 있음을. 이 작품의 '부재'는 "어느 곳에도 존재하지 않는/또 하나의 심장"이고 '추억'은 "가슴에 묻어둔 날카로운 조각/가끔은 꺼내보고 싶은 아픔"이다. 추억은 가슴에 묻혀 시간을 따라 흙이 되어가고, '상실의 시간'은 '세상과 우주'를 놓아버린다. 이 말은 다시 조합하면, '흙'에 버려질 이름이라도 '상실의 시간'에 놓아버리지 않는다면 부재가 아니라 추억으로 언제든지 소환할 수 있다는 뜻이 된다. 그래서 시인은 "또 다른 이름의 강을 건너갈 것"임을 알지만 "닿지 않을 마음과/느껴지지 않는 숨결을/날마다 끌어"안는 것이다. 시인은 물러나지 않고 제자리에서 여러 사태를 일별하는 자세를 유지한다. 이에 조응하는 상관물로 '나무'가 채택

되는 것은 어쩌면 자연스러운 결과일지도 모른다.

잎자루와 가지가 하나이었다가
떨어져 나간 흔적 사이
그 은밀한 곳에 특별한 층을 지었다
세간에서 말하는 로열층도 아니다
기나긴 겨울 나려고
물꼬를 막아 삼킨 갈증 끄트머리
잎 떨어진 자리 맴도는 배고픔
아무것도 할 수 없는
긴 잠에 빠진 나무인 줄 알았는데
마음대로 잎을 덜어내는
또 다른 속내 감추고 있었으니
혹한을 견디기 위한
얼음덩어리 품고 냉가슴 앓다가
꽁꽁 언 주머니 꽃샘바람으로 비비적거리며
환한 웃음 몸 푸는 봄이 오면
연초록으로 식구를 늘리기 시작하겠다
벌과 나비 치맛바람 중신아비가 되는 거다
어여쁜 각시 나비
나무 우듬지에서
졸음을 늘이고 날갯짓하는 날

나무 세포는 조용히 잠을 자겠다
나도 누군가에게
떨켜 같은 지킴이가 되고 싶다

—「나무살이」 전문

이 작품이 돋보이는 이유는 '나무살이'가 일반적인 기대와는 달리 나무의 일생에 관한 이야기가 아니라 '떨켜'라는 작은 변화를 대상으로 했다는 데 있다. 작품에 따르면 '떨켜'는 "잎자루와 가지가 하나이었다가/떨어져 나간 흔적 사이/그 은밀한 곳에" 지은 "특별한 층"을 말한다. "기나긴 겨울 나려고/물꼬를 막아 삼킨 갈증 끄트머리"인 것이다. 기막힌 발견이다. 편린과 그것을 산재하는 방법론이 아니라면 쉽게 획득하여 형상화할 수 없는 대상이다. 언제나 존재했고, 무수히 많이 눈에 띄었겠지만 잎이나 꽃, 뿌리와 줄기와 가지, 혹은 대지와 하늘처럼 나무를 연대적 대상으로 보려는 이는 결코 발견할 수 없는 지점이다.

시인은 이 '떨켜'를 발견하고 그것의 작용과 의미를 이해한 후, "긴 잠에 빠진 나무인 줄 알았는데/마음대로 잎을 털어내는/또 다른 속내 감추고 있었"음을 인지하고, 그 이후를 마음껏 상상한다. 나아가 "나도 누군가에게/떨켜 같은 지킴이가 되고 싶다"라는 바람을 망설임 없이 드러낼 수 있게 된다.

나무는 이미 나름의 생존 방법을 갖고 있다. 일반화시킬 때

그렇다. 하지만 이제 막 땅에 떨어져 발아한 씨앗이라면 시인이 또는 우리가 나무라고 호명하는 존재가 되기까지 선대의 나무들이 겪은 모든 고난을 감당하고 숱한 시험을 통과해야만 한다. 이 지난(至難)한 과정에서 나무의 시련으로 바로 연상할 수 있는 대표적 심상이 바로 '바람'이다.

> 춘삼월 때 이른 꽃이 얼굴 내밀다
> 혹독한 바람에 숨어버렸다
> 겨울옷을 성급하게 벗어버렸나 보다
> 여미는 옷깃에 스며드는 바람이
> 어설픈 가슴을 파고든다
> 그래
> 바람 부는 대로 몸을 맡기고
> 어디까지 갈 수 있나 눈을 감아본다
> 꽃망울 잠시 고개를 숙이고
> 햇살에 몸을 맡긴 나무가 웅크린 봄날
> 누가 더 강한가
> 내기라도 하는 듯 눈을 감고 서면
> 머리카락과 귀를 때리던 꽃샘바람
> 할퀴듯 한마디 하고 사라진다
> 아픔 없이 꽃을 피울 수 있겠냐고
> 흔들림 없이 꼿꼿하게 설 수 있겠냐고

바람 앞에 서면 말 없는 교훈이
가슴 저 밑바닥을 훑고 지나간다

—「바람 앞에 서다」 전문

이 작품은 제목부터 의미심장하다. '바람 앞에 서다'니! 나무는 부동성 때문에 숙명적으로 바람 앞에 서기보다는 세워졌다는 것이 일반적 이해로 옳다. 바람이 부는 시간과 방향을 피할 수 없기 때문이다. 따라서 이 작품은 제목이 이미 나무를 빗대 시인의 자세를 드러낸다는 것을 암시한다. 작품은 전반부에 "춘삼월 때 이른 꽃이 얼굴 내밀다" '꽃샘바람'을 만나 겪는 시련의 내용으로 시작한다. 봄 햇살은 나오라 하고, 찬바람은 괴롭힌다. 이 곤란한 상황에서 '눈을 감고 서면', 즉 시간에 맡겨버리면 "아픔 없이 꽃을 피울 수 있겠냐고/흔들림 없이 꼿꼿하게 설 수 있겠냐"는 '교훈'이 들려온다. 이쯤에서 시인은 나무를 표상하면서 실제로는 바람을 통해 더 많이 배우고 깨닫고 있음이 여실히 드러난다. 이를 시인은 「바람의 말」이라는 작품에서 이렇게 들려준다. "따스한 손길 같은 바람이 주는/밀어를 가슴에 담아/전설 속의 망부석으로 서 있는 지금/바람은 내게 무어라 하는지/알 수 없는 그 말 듣고 싶어/길을 걷는다" 그 길에는 "매섭기도 하거니와/부드러운 속삭임도 있다" 다만 그 "바람 소리 소란스럽다" 즉, 들어야 할 말(속삭임)과 듣지 않아도 되는 말(아우성)이 요란하게 뒤섞여 있다. 이때 시인에게 요구되는 자세는 "거부하지 않는다"는 것뿐이다. 완강한 거부나 취사선택, 강도에 따라 반응하는 것은 모두 시인의 지양(止揚)을 더디게 하거나 좌절시키려는 함정일 될 뿐이므로.

3.

최윤경 시인은 표제시인 「마른 꽃잎이 주는 생각」에서 다시 한 번 '만약에'로 가정한 세계와 삶에 대한 자세의 연장선을 보여준다. 기억 속의 아픔과 사랑을 지양을 통해 좀 더 상위의 층위에서 바라보고 시적 지향을 건설하려는 의지를 숨기지 않는다.

튤립 꽃잎
책상 위에 누웠다
반듯한 유리 속에 갇혀
생각의 주머니를 말리다가
낱장의 기억 보따리
옅은 눈물 흘리다 지쳐
성글게 젖어 있다
가지런하게 다리 뻗은
노오란 꽃잎들이 주름살 접어가며

최후의 생을 정리하듯

고요한 기도 소리

침묵보다 더 무거운 독백과

마른 꽃잎이 주는 생각

그리고

—「마른 꽃잎이 주는 생각」 전문

이 작품에서 '그럼에도 불구하고'는 '그리고'로 바뀌었다. '그리고'는 앞의 내용과 뒤의 내용이 맥락을 같이하지만 뒤가 앞보다 더 깊어졌거나 앞의 내용을 보충하거나 보강할 필요가 있을 때 사용하는 접속어다.

이 작품은 '튤립'이 주는 생각을 담고 있지 않다. 심지어 튤립이 아니라 그 어떤 꽃이라도 무방하다. 중요한 건 '꽃잎', "낱장의 기억 보따리"다. 이 시는 어떤 이름 아래 한 전체를 이루었지만, 연장된 생 이후에 각자 흩어져 각기 부분으로 '최후의 생'을 맞는, 즉 '마른 꽃잎'이 되는 어떤 끝과 그 이후를 생각하게 한다. "침묵보다 더 무거운 독백과/마른 꽃잎이 주는 생각" 이후에 '그리고'와 연결되는 내용을 무엇으로 채울지 알 수 없다. 그것은 '지양과 지향'의 놀이와 같아서 버리려고 하는 것에서 끈질기게 꽃이 피어날지, 바라는 곳에서 바라는 바대로 꽃을 피울지 가늠할 수 없다. 어렵게 유추하자면 시인의 생이 아프게 정체(停滯)되었다고 생각하는 그 지점에서 오히려 더 먼 바람의 꽃이 피어날 수도 있을 것이다.

한 권의 시집(詩集)
모두가 시(詩)를 읽지는 않을 것이라고
고작 식탁 위에서 냄비받침으로
역할을 대신해줄 뿐일 것이라고
그 열기 속에서 구워지는 말들이
더 잘 익어서 익어서
사람들의 가슴에 터지지는 않을까
아무렴 어때
누구의 마음에든 헤집고 들어가
씨앗이 되고 열매가 되면 그뿐이지
오랜 시간 싸워 만든 쭉정이 같은 낱알들이
집(集)을 지었다는데
대문 열고 들어가 볼 생각도 않고
등 돌려버린다니
맥이 빠진다
뜨겁게 달궈진 글과 말들이
끓어 넘쳐흐르는 냄비엔
매운 라면발만 퉁퉁 불어 있다

—「뜨거운 시(詩)」

최윤경 시인은 사실이라는 폭압에는 조금 비켜 서 있으려는 자세를 보인다. "공들이지 않고/깊이 생각하지도 않고/어떻게 글이 써질 수 있나/헤아려본 적 없으니/미안한 마음으로 연필"(「연필 깎는 법」)을 깎던 데서 (기계가 아니라 손으로 깎는다는 데서 이미 예정된 것이지만) '그리고' 이후의 내용을 조금씩 보여준다. 어떤 사람들은 "모두가 시(詩)를 읽지는 않을 것이라고/고작 식탁 위에서 냄비받침"으로 쓰일 거라고 비아냥거리곤 한다. 하지만 시인은 오히려 "그 열기 속에서 구워지는 말들이/더 잘 익어서 익어서/사람들의 가슴에 터지지는 않을까"하고 기대한다. 바로 이런 기대가 최윤경 시인이 아픔과 바람의 기억과 기대를 마치 비늘 한 조각처럼 세상 구석구석에 던져놓은 최종적인 이유일 것이다. 그럼에도 불구하고 「뜨거운 시(詩)」를 읽으며, 또한 그의 시집을 읽는 내내 마음이 무거웠던 것은 나 역시 이 땅에서 외롭게 시를 쓰고 있는 한 사람의 시인이기 때문이리라. 최윤경 시인의 그 지난한 시작(詩作)의 길에 도반이 되기를 희망한다.

이 도서의 국립중앙도서관 출판시도서목록(CIP)은 서지정보유통지원시스템 홈페이지(http://seoji.nl.go.kr)와 국가자료공동목록시스템(http://www.nl.go.kr/kolisnet)에서 이용하실 수 있습니다.(CIP제어번호: CIP2020032743)

문학의전당 시인선 0329

마른 꽃잎이 주는 생각

초판 1쇄 인쇄 2020년 8월 10일
초판 1쇄 발행 2020년 8월 17일
지은이 최윤경
펴낸이 김석봉
책임편집 이진영
디자인 헤이존
펴낸곳 문학의전당
출판등록 제448-251002012000043호
주소 충북 단양군 적성면 도곡파랑로 178
전화 043-421-1977
전자우편 sbpoem@naver.com

ISBN 979-11-5896-482-5 03810